La voz del testigo

Una narativa insospechada

Henry Quesada Agüero

DEDICATORIA

Resulta indiscutible, que esta obra es dedicada al León de la Tribu de Judá, al Eterno y soberano Dios, por su obra incomparable de salvación, que otorgó a la humanidad. Al que se entregó por amor para hacer justo al injusto, al que promete moradas eternas para los que en Él creen.

CONTENIDO

AGRADECIMIENTOS

Agradezco a todas aquellas personas que hicieron posible esta obra, en especial a mi esposa Alejandra quien me impulsó a escribir y siempre me apoya en todos los proyectos.

Introducción

Después de realizar un viaje de peregrinación a la nación de Israel, y en el trascurso de unos días visitar los lugares más conmemorativos, encuentro un profundo motivo para escribir esta pequeña obra.

Su mensaje se sustenta, en una profunda meditación que por días, semanas y meses revoloteaban en mi interior, cual un ave en una jaula queriendo salir para volar libre. Ahora es el momento donde cada pensamiento, mensaje y emoción, se imprimen en blanco y negro.

No se trata de una descripción literal y detallada de los lugares visitados, sino más bien, del mensaje que cada sitio pudo revelarme y de los momentos históricos que ellos representan. Donde, cada piedra, lugar y construcción relatará un acontecimiento preciso.

Encuentro en la Biblia, un gran apoyo para referenciar los acontecimientos que se dieron en estos lugares. Existe un enlace profundo entre las profecías bíblicas y esta tierra de Israel; casi que se pueden leer los tiempos a través de esta nación.

Por medio de estas páginas, se puede percibir un ritmo casi poético de las descripciones; donde el lector, experimentará un viaje en el tiempo y espacio. Y así, introducirse en los pensamientos y emociones de cada personaje citado.

No es un libro común, que manifiesta solo información; si no también proyecta emoción, carisma y sentimiento.

Por tanto, constituye esta obra una fuente apologética, instructiva y recreativa. Donde el fundamento de la fe se fortalece, es enriquecido el conocimiento, y de forma muy amena se puede encontrar un refrigerio para el alma. Pero, sobre todo, es el lector quien apuntará en qué sentido fue enriquecida su vida.

.

Homenaje a Israel

Israel es la nación bendita, es el pueblo de los encuentros, de las riñas y disensiones, Israel es la tierra de Dios.

Nación soberana y tal vez cautiva, es el país donde el enemigo habita con ellos. Donde las piedras hablan y la voz de los muros se puede oír.

Israel es la nación del rabino, las filacterias, y la Torá; donde la tarde es señal de que un nuevo día está por comenzar[1].

En Israel serán benditas todas las naciones. En sus áridas tierras se cosechan grandes frutos; en sus

---

[1] Para la cultura judía el día inicia en el atardecer, en la puesta del sol, fundamentado en los relatos del Génesis.

pequeñas fábricas militares se desarrollan las más sofisticadas armas.

Israel: la tierra en la cual las misericordias anuncian la mañana, donde el judío canta y los niños tienen esperanza.

Sus olivos adornan los campos; al sonido del shofar[2] despierta su pueblo. Su llamado es a la fiesta del Rosh Hashaná; en el Yom Kipur[3] se deja oír.

Es la ciudad del talit y del kipá, emblemas inigualables de la protección divina; los rollos y pergaminos fundamentan su fe.

Ciudades pequeñas pero productivas, lagos y ríos escasos, pero con divisas.

Sus moradores por siglos son protagonistas de la historia del mundo. Israel, la nación de reyes y profetas; el hogar del Mesías y de la promesa.

Camellos, ovejas y cabras son sus ganados, almendros y dátiles su dieta.

¡Israel bendita!, nunca la mano del Omnipotente se alejará de ti: la oímos actuar cuando rodeada estabas, la vimos moverse cuando sin esperanza andabas. ¡Oh Israel!, pequeña entre las menores, sus hazañas asombran el orbe.

---

[2] Cuerno de carneo que anuncia las fiestas y otras ceremonias con su típico sonido.
[3] Fiestas de tradición judía.

¿Israel quién la entenderá?, sus conflictos mil manchan su nombre, los que la odian a sí mismos se maldicen[4].

Abraham su padre y Jacob su heredero, como estrellas del cielo sus descendientes, por toda la tierra son esparcidos.

Esclavos y libres han sido por siglos, las pruebas más duras han soportado.

Su templo caído revela derrota, pero su espíritu emprendedor manifiesta victoria. Salmos y proverbios son escritos en su honor, himnos y canciones manifiestan su amor.

¡Israel!, *"tierra donde fluye leche y miel"*, dice la escritura que un día no lejano será su venganza. Cada enemigo buscará escondite, porque el Dios de Jacob saldrá en su defensa.

Como piedra preciosa es su territorio, ni el oro y la plata la pueden comprar, el brillo del diamante es poca cosa, codiciada ha sido a través de los siglos, y en su retoño ha cantado cada niño.

Promesa[5] esperada ha sido ya *"He aquí yo los hago volver de la tierra del norte, y los reuniré de los fines de la tierra, y entre ellos ciegos y cojos, la mujer que está encinta y la que dio a luz juntamente; en gran compañía volverán acá."* (Jeremías 31:8)

---

[4] Ver Génesis 12:3

[5] En 1948 regresa de los confines de la tierra los judíos que habían sido esparcidos, aquí también Dios cumple su promesa.

Gozo y júbilo es su regreso, pues el profeta así lo dijo: *"Entonces la virgen se alegrará en la danza, los jóvenes y los viejos juntamente; y cambiaré su lloro en gozo, y los consolaré, y los alegraré de su dolor."* (Jeremías 31:13)

La mano del ministro alza la bandera[6], pues promesa bendita celebran ese día: *"Alzará un estandarte ante las naciones, reunirá a los desterrados de Israel, y juntará a los dispersos de Judá de los cuatro confines de la tierra."* (Isaías 11:12)

La mano del ministro ahora tiembla[7]; odio y guerra ha sido su bienvenida, pero el Dios de Jacob es su estandarte.

Bombas y misiles despiertan al pueblo, el ruido del cañón se escucha en cada esquina, tan solo un día de vida soberana y este es su agasajo.

Con certeza y valentía repelen los ataques, por días y meses se mantienen en pie; por fin sus opresores se alejan.

Los conflictos y apuros son cotidianos. Hoy sus habitantes celebran la victoria; por que como atalaya es el Dios de sus padres.

---

[6] El 14 de mayo 1948 el ministro David Ben-Gurión alza su bandera en proclama de una nación independiente, donde miles de judíos llegan de los confines de la Tierra.

[7] Un día después de su proclamación los países vecinos le declaran la guerra a Israel.

Como grandes hormigueros son sus rivales, seis días de guerra[8] y su Dios los defiende. La vergüenza invade a sus opresores, ya que se han sumergido en su derrota.

Fallidos intentos, han realizados sus opresores, pero Israel se mantiene en el mapa.[9] Pues su palabra también se cumple: *"He aquí, no se adormecerá ni dormirá El que guarda a Israel"* dice el salmista. (Salmo 121:4)

Con escudo de hierro se han protegido, miles de flechas han desviado[10]… Asombro y pavor para sus enemigos.

Cientos de explicaciones la prensa ha querido dar, pero la verdad no la van a manifestar[11].

Pueblo bendito será su ciudad, por eso el profeta la vio celebrar: en sus campos "los árboles aplaudirán".

Los profetas y salmistas ya lo dijeron[12], pero muchos que no les creyeron.

---

[8] La guerra de los 6 días en 1967, pelea Israel contra numerosos ejércitos que se disponían a borrar del mapa el estado de Israel, sin embargo, Israel obtiene la victoria.

[9] Leer salmo 125.

[10] 2014 es atacado Israel y con el llamado "escudo de hierro" desvía los misiles.

[11] Generalmente la prensa no dice la realidad de lo que sucede con Israel, aún existe el antisemitismo.

[12] Leer Isaías 43, Salmo 121.

Israel, testigo fiel del Dios Omnipotente, que con su voz ha creado el mundo y su misericordia será para siempre.[13]

---

[13] Leer Isaías 55, Sal.105, Sal 106

Jerusalén ciudad de oro

¡Jerusalén, Jerusalén, la que mata a los profetas y apedrea a los que son enviados a ella! ¡Cuántas veces quise juntar a tus hijos, como la gallina junta sus pollitos debajo de sus alas, y no quisiste! (Mateo 23:37). Es la expresión del Mesías que divisa la Santa Ciudad, frase que enclaustra un sentido de pesar y admiración al mismo tiempo.

Sentado en la alta colina se escucha su voz tenue y quebradiza, y con sus ojos húmedos, metafóricamente habla a la ciudad y manifiesta su amor como la gallina a sus polluelos. ¡Qué singular imagen! Y cómo no entenderla, no necesita explicación, por tanto, nadie se atreve a preguntar solo se escucha el suspiro de algunos hombres que observan detenidamente. Admirando la silueta del Maestro que riega el polvo con sus lágrimas.

Desde el monte poblado de olivos, Jesús hace una declaración de pesar que revela el carácter y dureza de un pueblo que habita en la ciudad cuyo nombre es celestial, en la ciudad de oro. Es la única ciudad que es prototipo de la ciudad celestial, cuyo arquitecto es Dios.

Sus calles de oro, mar de cristal prometen riqueza sin igual; en esta ciudad hay moradas para los que esperan su venida.

Sin embargo, hoy su belleza no está en su aspecto o en su rústica arquitectura, es más bien en la promesa, en el renombre en lo que ella representa.

Es en el viento de la tarde que recuerda el verano y su fresco atardecer que sorprende al turista.

Hoy ciudad antigua, equivalente a un laberinto son sus angostas calles, musulmanes, judíos, cristianos y todo tipo de cultura convergen en el mismo sitio[14]. Estos son los que se presentan como mercaderes mostrando sus productos a todo transeúnte que por instantes detiene su paso.

Artesanías llenas de color, frutas, calzado, vestimentas e inimaginables mercancías cuelgan, se esquivan y casi ruedan por el suelo.

---

[14] Dentro de la ciudad antigua existe un mercado donde diversas culturas y religiones conviven.

Templos y ruinas de antaño engalanan las pequeñas plazas, los estrechos pasadizos se saturan de movimiento y algarabía, mientras un forastero intenta comprar una chuchería.

Por fin se desemboca a la notoria Vía dolorosa, al palacio de Poncio Pilatos y los desgastados adoquines certifican los pasos del célebre Mesías.

Fornidas murallas encierran tal escenario, piedra sobre piedra se colocaron para formar el anillo que muestra sus primitivas puertas.

Repetidas veces, tropas de turistas y curiosos cierran el paso de los mercaderes, mientras en la otra esquina, con notables ademanes y ruegos intentan mostrar la maravilla de sus productos.

Jerusalén muestra el convivio de culturas, de mercaderes, de ricos y pobres; hombres, mujeres y niños de tez blanca, negra y coloridos cabellos.

Religiosos e irreverentes circulan por sus caminos. Parece desorden, pero es la vida cotidiana que trascurre sin novedad dentro de la gran muralla.

Se deben abrir los ojos del alma para poder ver su riqueza, silenciar la agitación de la gente para entender su significado.

Es la ciudad cuyo oro está escondido a vista del simple y no despierta curiosidad en presencia del incrédulo; pero para los que son sabios, para los entendidos y los que buscan su riqueza, aparece ante su vista como ciudad de oro bruñido.

Su historia, su propósito, el plan perfecto y sus promesas manifiestan su valor.

Fuera de sus puertas, el movimiento se hace evidente, no muy diferente a otras ciudades, pero con un valor singular.

Jerusalén es la ciudad del cervatillo, es la ciudad del shofar, Jerusalén es la ciudad de la promesa; nunca caerá y su presencia asombra a los astutos políticos.

Como granizo son los misiles, pero su destrucción no se deja ver.

Armas afiladas ha enfrentado y ninguna le ha dado muerte, tan solo heridas que hacen sangrar a los corazones de quienes la aman.

¡Oh Jerusalén hasta cuando reconocerás tu necesidad! Jerusalén testigo viviente del Ungido, cuántas veces entró por sus puertas el Mesías y no lo reconocieron. Corazón más rígido que sus murallas, dureza que sobrepasa sus piedras.

Es Jerusalén la ciudad golpeada, la ciudad del Gran Rey. - ¿Y la puerta? -.

- ¿Cuál puerta? - ¡Ah sí, la puerta de oro!, la puerta sellada[15], ahí está esperando como gigante

---

[15] En las murallas de la santa ciudad se encuentra una puerta sellada, es la puerta dorada que, según la tradición, cuando aparezca el Mesías ingresará por ahí.

de piedra ser abierta, esperando que pase por sus arcos aquel Galileo. La puerta que sugiere esperanza y de alguna forma manifiesta la fe de un pueblo desconfiado.

Talvez triste y sin esperanza miran sus visitantes a Jerusalén, pues polvo se pisa en sus entradas, callejuelas áridas son las vías generales; sin alarde es la ciudad.

Por tanto, Jerusalén, Jerusalén, hasta cuándo entenderás, hasta cuando abrirás tus ojos para ver al Mesías que se acerca montado en un pollino. No parece un gran militar, pero con gritos eufóricos lo celebran y la envidia a los poderosos los carcome.

Pero a pesar de esto no lo reconoce su pueblo; talvez por el pollino, talvez por su humildad, talvez por sus escasas pertenencias…al fin, no lo sabremos, lo cierto es que no lo reconocieron.

Jerusalén lo dejó pasar y ahora en una nube la visitará. Ya no estará el pollino, ni las palmas se dejarán caer, solo gritos de clamor se escucharán, -necesitamos al Mesías- y el Mesías vendrá; porque con la nueva Jerusalén dice que lo vieron pasar y a su esposa ahí hará habitar.

Un apacible viaje por el mar de Galilea

¡Galilea!, lugar de ensueño y grandes historias, ciudad de marineros y pescadores, escenario de acontecimientos inolvidables, ¡sí!, eso es Galilea.

Sin duda su mayor tesoro lo constituye el mar de Galilea o de Genezaret. Por su renombre, belleza y producción, lo llaman mar, siendo un lago en realidad.

Riberas adornadas de lomas y colinas; lomas donde habitan algunos pueblos que narran historias y viven descendientes de los testigos que, con fidelidad, no dejan cambiar la historia.

Mar de Galilea; navegar en sus aguas constituye inevitablemente una experiencia, que nos acerca al remoto tiempo en que Jesús caminaba junto a su costa. Su apacible agua nos trasporta a un sentimiento de paz y seguridad. No es posible pasar inadvertido su impresionante paisajismo, que invita a reconsiderar nuestra fe.

Si agudizas el sentido, y elevas el espíritu, es posible escuchar la vos del Maestro en el viento que sopla y sentir su mirada en el reflejo del agua.

¡Mar de Galilea!, es decir, aguas que guardan misterio, aguas que hablan verdad, aguas que adornan el paisaje de su pueblo. Por las mañanas, las tardes o con el sol en el cenit, es posible encontrar tonalidades sin igual.

La voz del viento, el rayo tibio de la lumbrera y el sosegado vaivén del agua, hace al corazón más duro inclinar su semblante, y por unos momentos detener su orgullo y sensibilizar su alma.

Ribera de encuentro de culturas y colores mil, donde las maravillas se presentan de tiempo en tiempo y las verdades emergen de sus aguas.

Aguas calladas y serenas, ¡herencia indudable del Gran Maestro! No es posible imaginar la intensidad que se vive al navegar por aguas tan calmas, que conquistan las mentes y pensamientos de sus visitantes.

Sí, este mar de Galilea, que atestigua imborrables escenas de vidas cambiadas por un Nazareno.

Retrocediendo el tiempo, encontramos las condiciones del mar embravecido y la tempestad asechando una pequeña barca; como gigante que desecha en sus manos una hoja seca. Barca tripulada por hombres acostumbrados a sus aguas. Pero ese día…, ese día, el temor acompaña a los navegantes ante tal torbellino; la fe desaparece y la esperanza se esconde; mientras el Maestro duerme. Golpes y gritos es lo que salía del corazón de los doce. Con reclamos y desesperación despiertan al que aun dormía. [16]

Con gestos calmos y voz pausada demuestra autoridad sobre la tormenta: el Nazareno calma a la tempestad con el timbre de su voz; ahora se esconde el torbellino ante su aspecto, el gigante hace su huida y el terror le hace reverencia. El asombro de aquella presencia gran bonanza, entonces, reconsideran su escasa fe…

Otro día, o más bien una noche; los doce cruzan el mar en la barca, como quienes por rutina hacen las cosas sin pensarlo mucho. Fue un día agitado, habían presenciado grandes proezas. Las palabras irrefutables del Galileo retumbaban en sus mentes, pero, en fin, un día como tantos, ya acostumbrados a las maravillas. Cansados por el trajín, con sus fuerzas reducidas, deciden adelantar al Maestro y ahí están en la barca a medio mar, allá quedó el Galileo en la ribera, sin barca talvez…

Entonces, por un momento, en medio del espeso manto negro de la noche, una silueta se deja ver,

---

[16] Leer Mateo 8:23, Marcos 4:35, Lucas 8:22

¡era medio mar y aquella silueta caminaba como en tierra firme! Se acerca aquel fantasma -de todas maneras, ¿qué otra cosa podría ser? -.

El vello de todo el cuerpo se erizaba, las pupilas se dilataban a más no poder, la sangre de los tripulantes de la barca corría con ímpetu por sus venas y sus respiraciones parecían detenerse. El viento, las olas y la oscuridad hacían más tenebroso el escenario. Una sombra en forma humana se acerca y camina sobre el agua, el temor se adueña de sus entrañas, el sentido común se borra y como si fuera poco; el Maestro no está con ellos.

Espantados y sin saber para donde correr, gritaban aquellos hombres rudos ante la sombra del espectro.

Pero… por un momento todo cambió… –No temáis yo soy-, son las palabras de consuelo que apagan el temor y aplasta la tempestad.

Ya conocían esa voz, su Maestro estaba allí; entonces, el intrépido Pedro lo prueba, baja de la barca sobre aguas profundas, pero se le abre camino como en tierra firme. Sin embargo, algo anda mal; las olas, el viento y la oscuridad le arrebatan la fe, otra vez con gritos desesperantes clama al Maestro; otra lección de fe era esto… [17]

Por lo tanto, el testimonio del mar de Galilea hace callar al ignorante que habla disparates,

---

[17] Leer Mt. 14:22…, Mr. 6:45…, Jn: 6:15…

silencia al escéptico en sus vanas filosofías. ¿Quién? ¡Quién más que el Mar de Galilea!, puede contar en silencio, todas aquellas historias que parecen fantasía. Fantasía de videntes, que remotamente por instantes celebran sus palabras, al entender la dicha de quienes podrán palpar aquellos momentos. Galilea de los gentiles, dice el profeta…

"El pueblo que andaba en tinieblas vio gran luz; los que moraban en tierra de sombra de muerte, luz resplandeció sobre ellos." (Isaías 9:2)

¡Qué singular profecía!, un pueblo que en oscuridad anduvo, pudo ver al Gran Maestro, contemplar su luz y gozarse en su presencia: *"Multiplicaste la gente, y aumentaste la alegría. Se alegrarán delante de ti como se alegran en la siega, como se gozan cuando reparten despojos."* (Isaías 9:3)

Ese es el lugar con más calidez, que evoca al pasado y trae al presente el bullicio calmo de la multitud; quien con palabras del Maestro se llena de paz, multitud con sed y hambre, cual ovejas sin pastor. Y la recompensa es contemplar al Maestro y escuchar sus palabras.

Pero son ajenos a la realidad, pues ese sencillo Nazareno hijo de carpintero, que habita entre los pobres, es llamado por el profeta *"Admirable, Consejero, Dios Fuerte, Padre Eterno, Príncipe de Paz"* (Isaías 9:6). Allí anduvo, con aquellos hombres sencillos, pescadores algunos, cobradores de impuestos otros…pero sin duda, personas depresibles para la sociedad.

Por lo tanto, ni el comercio y turismo que hoy dependen de sus aguas, pueden apagar el sentido más noble, pues se trata del mar de Galilea y sus riberas.

No se puede negar, no se puede olvidar, la tierra de Zabulón y tierra de Neftalí[18], que muestra una huella del Maestro bordeando sus riberas, allá en Capernaúm.

Huella, que no desaparece por la presencia del tiempo. Tribus que hacen historia de un pueblo con promesa; que hoy nuestros ojos contemplan. Promesa de un Mesías, de un Salvador; pero con aspecto cotidiano, con semblante igual que todos…

Algunos lo vieron, otros lo reconocieron, y muchos lo despreciaron. Promesa más grande no se escuchará sino solo esta:

"A lo suyo vino, y los suyos no le recibieron. Mas a todos los que le recibieron, a los que creen en su nombre, les dio potestad de ser hechos hijos de Dios; (Juan 1:11-12)

Y los suyos aún están ahí, cerca del mar, como quienes esperan algo; algo que llegó y se fue, pero no se percataron. Quizás por su apariencia, o por la simpleza; pero lo cierto, es que de vez en cuando,

---

[18] Grandiosa profecía de Isaías 9:1 se cumple en Mateo 4:15, (al pie de la letra; sin interpretaciones y simbolismos).

alzan su mirada hacia el horizonte destellante, en busca de una señal del Mesías prometido…, pero ya parece que tarda…, sin embargo, su tardanza es paciencia,[19] dicen los que lo conocen…

¿Y qué de la barca? ¡Oh sí, la barca![20]

Un testigo más que soporta con paciencia los maltratos del tiempo, de la tempestad y la del proceso natural, como quien se empeña en sobrevivir en un mundo hostil, como quien se niega a morir para poder hablar de su experiencia.

Sí, la barca hoy luce su esplendor en un ambiente controlado, y es admirada por sus visitantes. Tal vez, solo trozos de madera bien acomodados son los que aprecian las miradas sin entendimiento. Sin duda, su figura maltrecha relata el pasado mejor que un libro de historia. Su color añejo y cuerpo agitado manifiesta con veracidad la legendaria historia de un Galileo.

Esta barca endeble, enfermiza y sin atractivo alguno, muestra al corazón sensible las vivencias cotidianas de un pueblo de antaño, es la voz del testigo olvidado.

Inmerso un poco más en su figura, es posible escuchar difusamente el diálogo pausado de un

---

[19] Leer 2. Ped: 3:9…

[20] En la ribera del Mar de Galilea en un museo, hoy se conserva una barca que data de los tiempos de Jesús (2000 años), sin asegurar que Jesús navego en ella, su antigüedad nos hace viajar en el tiempo.

pescador habitual. Y por momentos parece testificar de la experiencia vivida junto a un Galileo que también hizo historia; quizás esta barca sí comprendió su mensaje.

Hoy barcas van y vienen, no cesan de navegar, como si marcaran el rumbo y los pasos del Maestro, como si celebraran en silencio el ocaso de un Galileo que hizo historia. Como si dijeran en gestos y ademanes, "¡aquí estuvo, aquí vivió y aquí regresara!"

Pero ahora los pescadores son afinados, las barcas trasportan turistas que poco entienden del valor de estas aguas. Para algunos, un paseo por un lago con algo de historia, otros, ni saben por qué están allí; pero hay quienes que sí son capaces de valorar este mar, ver en las aguas de esta Galilea un testimonio viviente y percibir la bendición de estar allí.

La bendición llega desde el monte, donde Dios derrama bendición; allá por el Líbano, ahí por el monte Hermón. Esta es el agua que forma el mar de Galilea; desde ese monte alto, donde fuentes vivas brotan para dar salud a las naciones.

Por eso el salmista lo declara: "*Es como el rocío de Hermón, que desciende sobre los montes de Sión; porque allí mandó el SEÑOR la bendición, la vida para siempre*". (Salmo 133:3)

Fuentes que riegan con sus aguas esta pequeña nación. Son riachuelos que purifican y lavan las faltas de sus habitantes. Un hombre cubierto de piel de camello y comedor de langostas, así lo representa en el Jordán.

Por tanto, son aguas que dan vida al que ya muerto estaba, otorga la muerte al hombre viejo, el cual es llevado hasta el fondo del mar donde nunca más saldrá. Su camino lo marca el agua del monte, el río Jordán, el mar de Galilea y su destino, el mar Muerto.

Y, ¿qué más diremos? … solo queda la admiración y el asombro de quienes, por la gracia de Dios, han podido visitar estos lugares. Queda la experiencia vivida que es irreproducible por cualquier medio tecnológico. No se explica en prosa, ni siquiera el poder persuasivo y expresivo de la poesía lo describe. Líneas como estas, solamente sombras reflejan en las mentes del lector, ¡es necesario vivirlo, es urgente estar allí para entenderlo!

Piedras que gritan

En cada rincón de la tierra, se pueden encontrar monumentos que hacen recordar a un personaje o hecho histórico; cada uno de estos monumentos tienen un motivo de ser, y el que los mira, intuye el mensaje que aquella imagen le dicta.

En la tierra de Dios, en Israel, se podrían enumerar algunos lugares donde no solamente las piedras hablan, sino que es posible escuchar sus gritos y gemidos de lamento, es posible percibir el gesto de la gente junto a ese lugar. Es un sitio, donde toda esperanza es sombría, donde cada palabra pronunciada es elevada al cielo y cada súplica encuentra consuelo en lo frío de la roca.

Esto es sin duda, el muro de los lamentos. Ubicado en el corazón de la ciudad de Jerusalén. Muro en el que miles y miles de peticiones son las que adornan sus grietas[21], millones de oraciones son pronunciadas en su presencia e incontables lágrimas riegan sus cimientos.

Este es el muro que testifica de la obra más preciada en la ciudad antigua, es el muro que protegía o encerraba el templo de Jerusalén; donde cada judío se presentaba ante el Supremo Dios para rendirle adoración y ruego por sus faltas. Allí cada judío limpiaba su vida de forma simbólica. Es el lugar donde el sacrificio, la sangre y el fuego se mezclan; donde el candelero y el lavacro tienen su significado y donde el lugar Santísimo es visitado por el sacerdote.

El templo, quizás la estructura más valorada de sus habitantes, describe la personalidad de un pueblo, habla de su fe, narra sobre el propósito de Dios.

No es un templo religioso con rituales sin sentido, es más bien, la representación más pura donde se dramatiza el gran amor de Dios por la

---

[21] Todo visitante que llega a orar escribe en un papelito su petición y la incrusta en una de las grietas del muro de los lamentos.

humanidad[22]. No era para perdonar pecados; porque nunca los sacrificios lo lograron[23], ni la sangre de los corderos lo alcanzaron. Si no, era el lugar donde se anunciaba al Mesías, al verdadero Cordero; la sangre solo correría una vez y para siempre…

¡Ellos no lo entendieron! Por eso, hoy solo fragmentos de piedras quedan en este lugar…y aquí me encuentro frente a un rústico muro, que paciente espera algo y callado me habla.

En ese sitio, hoy, con el movimiento de la gente y sus murmullos, es posible encontrar un pedazo de historia y ver grandes piedras pidiendo auxilio, sentir como se niegan a desaparecer, pero encontrar en sus grietas una esperanza.

Es el muro que habla en todas las lenguas y trasciende todo idioma. Sin intérprete se entiende, es el muro que llora por siglos su pérdida.

Su nombre lo describe y su apariencia lo confirma, es lamento constante de quienes reclaman un lugar sagrado; son heridas abiertas que no cicatrizan hasta lograr su cometido.

Lo que queda de ese santo lugar es solo esa sección de muro, algunas siluetas oscuras que

---

[22] Todas las ceremonias, elementos del templo, tienen un significado que anuncia el sacrificio de Cristo a la humanidad (es una mímica de lo que venía).

[23] Leer Hebreos 10:1-21, Hebreos 9:9, 8-13.

recuerdan el luto[24]y marca el vaivén a su pie. Solo se encuentran pedazos de rocas que testifican la esperanza de un pueblo.

Ahí está, como quien después de muerto sigue de pie; esto promete algo y hace imborrable el sitio sagrado, no deja mentir al enemigo.

A su vez, en un lugar escondido de la vista de los visitantes, se encuentra una piedra[25] que grita de dolor, dolor al sentirse presa, presa de los más atroces ataques contra su identidad, ¡es paradójico! Dentro de una cárcel de oro la retienen sus opresores. Esto hace que para los judíos se profane el santo lugar, donde se situaba el templo.

En ese lugar, se puede distinguir el deseo profundo de quienes son dueños de ese sitio, pero son dueños que no pueden entrar ni disponer de su heredad.

Son estas piedras, quienes no dejan cambiar la historia, son estas piedras las que abren su boca para narrar tradición.

Descritas también en la Biblia, hacen que esta tome fuerza y demuestre que también el papel y las

---

[24] Grupos de judíos ortodoxos vestidos de negro oran de forma incansable con un ritmo reverente (movimiento hacia adelante y atrás).

[25] En el Domo de la roca, una mezquita musulmana con cúpula dorada, se encuentra la roca donde la tradición judía cree ser el lugar donde Abraham intenta sacrificar a su hijo Isaac. Así mismo los musulmanes dicen que es la roca donde Mahoma sube al cielo.

palabras son inconmovibles cuando proceden de Dios.

De una u otra forma, el mensaje se escribe en papel, pero lo confirma la piedra. Piedra que demuestra lo imborrable que es el mensaje de Dios. Allí se mantienen, para que el incrédulo no lo lea sobre papel, si no sobre piedra… ¿Cómo borrar su historia? Muchos lo desean, pero no se pueden… Por eso allí está el muro con sus grietas y la roca bajo el domo esperando ser liberada

Desierto floreciente

Tierra seca y estéril; polvo, arena, rocas y sequedad habitan ese territorio. No hay agua en ese lugar, las nubes se esconden por meses y años. Y el soplo de la brisa no promete humedad.

La lógica lo grita, los sabios en la materia lo juran y los agricultores extranjeros no se arriesgan… Ese lugar no sirve, ese desierto es eso: ¡desierto!

No hay vida, es imposible cultivar; hogar de serpientes y escorpiones será por siempre. Tierra que promete sequedad y muerte, es tierra junto al camino.

Sus enemigos se gozan, bailotean en la arena y festejan en la sequedad.

No se puede esperar otra cosa, así es allí; de Galilea al mar Muerto y otras regiones lo confirman.

Es un ambiente hostil, no solo porque duermen con el enemigo a su lado, sino porque la tierra no promete fruto. Seco es el aire, caliente los rayos del sol que se estrellan contra el polvo, la roca y el pavimento.

Remolinos de arena es posible enfrentar al caminar por su sequedad. Y hacia arriba, sobre la cabeza, la azul bóveda manifiesta la pureza de su cielo, sin manchas blancas; es la noticia de siempre.

Y lo impresionante, -sí lo impresionante escuche usted-, es que hoy es un huerto a la orilla del camino. Campos verdes de bellezas incomparables, campos en cuyos surcos crece el olivo, la vid, el maíz, los dátiles, las flores..., sí, son campos con bendición y para esto no hay explicación[26]...

Allí cada planta refleja su verdor, listos como para marchar en un pelotón, son los surcos alineados de forma perfecta.

Cada rama testifica un milagro y cada hoja verde canta la gloria de Dios. Gloria que satura los frutos

---

[26] Es impresionante ver los cultivos junto al camino, en el desierto, en la arena, en la tierra seca, después del regreso de los judíos (1948) a su tierra ellos se propusieron a sembrar y desde entonces cosechan donde no había esperanza.

y las cosechas más abundantes. Y da a los campesinos frutos de promesas eternas.

¿Y los escorpiones? -Allí están, habitan con la arena y la roca, y aun algunos tamos patrullan el área.

Sin embargo, la riqueza incomparable que siente aquel que mira estos campos, hace que sea imposible evitar que se asomen las lágrimas.

Palabras del profeta llegan a las mentes y martillan diciendo "*Y traeré del cautiverio a mi pueblo Israel, y edificarán ellos las ciudades asoladas, y las habitarán; plantarán viñas, y beberán el vino de ellas, y harán huertos, y comerán el fruto de ellos.*" (Amós 9:14)

Así es, la promesa se cumplió: Dios los trajo de vuelta a su tierra, edificaron ciudades y hoy comen de sus huertos y beben de sus viñedos.

Y las voces escuchadas por siglos atrás, habitantes que no encontraron sentido en la arena y la roca, hoy mueven la cabeza de asombro, codiciando aquel terreno y sus frutos inigualables. ¡Cómo es posible, esto no puede ser!, es la expresión de los boquiabierta que habitaron y no cosecharon, polvo comieron y sus leguas se secaron.

Pero hoy los sencillos campesinos, los expatriados por siglos; regresan a su tierra seca y encuentran en la aridez de la tierra la bendición de su Dios. Porque ese Dios habita con ellos hace las maravillas que prometió:

"Vuelve el desierto en estanques de aguas,
Y la tierra seca en manantiales.

36 Allí establece a los hambrientos,
Y fundan ciudad en donde vivir.

37 Siembran campos, y plantan viñas,
Y rinden abundante fruto.

38 Los bendice, y se multiplican en gran manera;
Y no disminuye su ganado". (Salmo 107:35-38)

En este punto, es donde el sabio se vuelve ignorante, la lógica se desecha y el soberbio se humilla. Es donde el humilde recibe su recompensa, el labriego y sencillo es premiado. ¡Y sobre todo!, la grandeza y fidelidad de Dios se exalta. No hay otra explicación, lo crean o no, el verdor del sitio embriaga las pupilas del visitante.

Entonces, los incrédulos se fuerzan por mantener su incredulidad, pero esta huye de ellos, los enemigos de este pueblo buscan excusas, pero no lo logran... ¿y los arrogantes?, los arrogantes hacen que no miran, pero sus semblantes los delatan.

La experiencia de contemplar ese milagro es suficiente para reconocer que algo sobrenatural sucede, pues un trozo de la majestuosidad de Dios cayó en ese lugar, lo inundó y lo saturó de su poder.

Si no es eso, ¿qué puede ser?

¡Que alguien me lo explique, que el incrédulo lo trate de esconder, que alguien me diga: que no es Dios presente! ¿Quién se atreve? ... Tan solo, escucho silencio.

Olivos milenarios

A pocos pasos de la ciudad amurallada, en las faldas del monte olivar, por el torrente de Cedrón; un sitio que habla, un lugar que cuenta historia, y sugiere silencio.

Es posible que hace dos milenios haya sido un lugar tranquilo, un huerto de olivos sin importancia; pero hoy, un lugar que conmemora la misma sangre del Maestro, que sin heridas brota por sus poros y es absorbida por la tierra. ¿Aquel mensajero, quién será? -No lo sabremos-. Pero fortalecía al mismo Maestro...

Y los fieles seguidores, aquellos once, no parecían tan fieles, de todas formas, en el aire flota la incertidumbre, la indiferencia y el temor para otros.

El sueño los domina y el Maestro no finaliza. La ausencia de un discípulo no parece tan extraña, pero oscurece el ambiente. A la distancia el Maestro perece angustiado y al acercarse se confirma su pesar.

De pronto, de la misma oscuridad brotan luces como antorchas, pasos se dejan oír y de la nada aparecen siluetas. Por fin el discípulo que faltaba llega, pero no llega solo, si no acompañado de la turba deseosa de sangre.

Como puñal enterrado en el corazón de un amigo: un beso que hizo historia, era el beso de la traición, de la codicia y la muerte. Para los religiosos era la señal, para los discípulos confusión y para el Maestro, dolor.

Allí en el huerto de los olivos milenarios, allí en el lugar de descanso, de confianza, en el lugar donde enseñaba con palabras y hechos, allí en el Getsemaní.

Hoy, como guardianes fieles de aspecto ordinario, silenciosos pero firmes, muestran sus cicatrices los olivos veteranos. Parecen devolverse en el tiempo para narrar los sucesos que han sido contados. Ramas y raíces presenciaron aquella noche de lloro y lamento. Pudieron ver el ángel, oír la oración del Maestro y presenciar el beso del destino.

Al visitar el lugar, solo cortezas añejadas por el

tiempo, olivos que muestran su antigüedad por sus frondosos troncos; pero de vez en cuando, un suave hálito puede ocultar la agitación del turista y sumergirlo en el mar de acontecimientos que dan valor y significado al sitio.

Es allí en el huerto de Getsemaní, donde el visitante se sorprende, la duda se espanta y los hechos son confirmados. Es el lugar del arresto, de la huida, la traición…

Es el sitio donde la copa no fue quitada, solo la voluntad del Padre se mantenía y la cobardía de los hombres se demostraba.

Nadie entendía lo que pasaba, solo el arrestado lo esperaba, pero, ¿de qué lo acusaban?, ¿por qué se lo llevaron?, ¿cuál fue su delito?

Del este jardín se lo llevaron para protagonizar el suceso más extraordinario de la historia humana, dentro de un momento lo sabremos…

Ya un poco lejos las antorchas marcan el paso de la turba, a corta distancia está la puerta de la ciudad, dentro de la muralla lo interrogan.

Un discípulo de lejos lo mira, lo observa con pena y descontento. Su mirada se pierde entre la multitud que lo acusaba; pero de pronto, una mano sobre su hombro lo toma fuertemente y una voz le pregunta: ¿Tu eres uno de ellos?, ante su negativa, el clamor del gallo le recuerda su juramento.

Los opresores del arrestado no encuentran

argumentos delictivos, los jueces no hallan culpa, pero los religiosos insisten.

Al pie del Gólgota

Se hace un tanto difícil de explicar, las palabras son tan escasas que el silencio es el mejor medio para entenderlo... Por lo tanto, comenzare por lo más fácil...

Es un monte no tan majestuoso ni alto, más bien un poco descolorido y de escasa belleza, árido y sin atractivo.

Es un lugar cuyo nombre es semejante a su figura: ¡La Calavera! Sus cuencas[27] dejan ver una oscura sombra de muerte y su aspecto muestra un triste sentido de pesar, esto no puede ser otra cosa que el Gólgota.

---

[27] El monte de La Calavera (Gólgota, en arameo) posiblemente debe su nombre a su apariencia con cuencas que semejan el cráneo humano.

Y no muy lejos de ahí un olivar, un huerto donde un hombre rico cavó una tumba en la roca, sin saber para quién, pero pronto lo sabremos.

Este monte es el escenario del momento más significativo de una era, es donde la misma creación se compungió y los cielos se oscurecieron. Allí el cordero de la pascua toma significado y cada suceso marca el cumplimiento de una ley.

Es un espacio de dilemas y contradicciones, es el monte donde mueren los malhechores bajo la condena romana, el monte de la vergüenza, del oprobio, la ignominia.

La crueldad es el principal protagonista que con vestido de gala se presenta, huyen de ese lugar la misericordia y el justo juicio; allí se prueba al valiente y tiembla el hombre fuerte.

A vista de todo el pueblo, muere de la manera más despreciable un hombre, al que coronan de dolor y vileza. Y como gran trofeo un letrero sobre su cabeza: "Rey de los Judíos."

Sus principales espectadores lo constituyeron los grupos que a través de la religión buscan a Dios: fariseos, escribas, saduceos, sacerdotes; encabezan la infamia. Con frentes altivas y sonrisas de satisfacción parecían abrir paso entre la multitud.

Pero los cojos, los ciegos, los mancos, los hambrientos y los leprosos lamentan aquel acto de maldad, ellos…ellos sabían que aquel hombre era inocente, conocían su proceder; agradecían sus milagros.

¿Y qué de los soldados?, pues los soldados solo hacen su trabajo. Ingratos, crueles, inhumanos; pero con todo, solo cumplían su labor. Con sus cabezas encorazadas al estilo romano, no podían entender lo que pasaba.

Repetidas veces, batían sus látigos y sus amenazantes lanzas escarpaban la espalda del inculpado. Sus corazones son tan impenetrables como la armadura que protege su pecho; sí, eso son los soldados.

La confusión de la gente común; del pueblo que no es ni religioso, ni militante del imperio, es la que llena los últimos espacios. Algunos solo miran de largo, otros se acercan para observar el escenario más sangriento que pudo ocurrir jamás.

Y por allá, en el lugar menos visible quizás…, los rostros ilegibles de once hombres y algunas mujeres que no dejan esconder su lamento.

Todos ellos eran testigos de segundos que se convierten en horas, eran los testigos de que todo eso realmente ocurrió…, marcando el reloj la hora sexta, fue un momento de dolor y quebranto.

Todo era injusto, crucificar un hombre por hacerse llamar Hijo de Dios…, quitar el castigo de un rebelde para dárselo al manso, rasgar las espaldas a latigazos de quien sanó a los leprosos.

Entonces se hacen presentes las palabras del legendario profeta: *"⁷ Angustiado él, y afligido, no abrió su boca; como cordero fue llevado al matadero; y como oveja delante de sus trasquiladores, enmudeció, y no abrió su boca."* (Isaías 53:7). Estas palabras del profeta no las entendieron los estudiosos, los doctores de la ley, ni los escribas lo comprendieron, no fueron reveladas a los saduceos, ni los sacerdotes del templo las entendían; su religión los cegó.

A pesar de que leían las escrituras constantemente y las enseñaban en las sinagogas, no fueron capaces de entender los tiempos; los tiempos donde la profecía se cumplía delante de sus propios ojos. Con esto plasmaban en sus vidas otro anuncio: "viendo no vieron y oyendo no oyeron"[28], ¡ellos, no entendieron!

Y, sin embargo, aquella silueta casi desecha por las torturas romanas, toma un suspiro y levanta la voz diciendo: "Padre, perdónalos porque no saben lo que hacen…" (Lucas 23:34). Para esta declaración no quedan comentarios… Es donde las palabras no alcanzan, solo se entienden con el corazón y el

---

[28] También se cumple la profecía aquí, Dios trató con su pueblo, pero el ser humano es terco, hoy la misma iglesia de Cristo está viendo y no ven y escuchan y es como si no lo hicieran, las profecías se cumplen delante de sus ojos y no lo toman en serio. Ver Jeremías 5:21, Isaías 6:9, Marcos 8:18, Hechos 28:26, Jeremías 6:10, Mateo 13:13

alma, no hay explicación alguna… si acaso la hay, que me lo explique el elocuente o el poeta, o quien sin palabras pueda hablar; porque yo no lo entiendo…

Como si fuera costumbre romana su vestimenta se repartía, pero lo asombroso fue que al profeta ni este detalle se le escapa.[29]

Bueno, ya es la hora nona[30]; la oscuridad ya estaba presente, lluvia, truenos, relámpagos; toda la naturaleza lo resiente. La tierra tiembla, las piedras se quiebran, las tumbas se abren y los justos resucitan. Pero la muchedumbre no lo entiende. ¡Dios está ahí!, como en el Sinaí.[31]

En su último suspiro siente el Maestro el dolor más grande… Elí, Elí, ¿lama sabactani?[32]

Un espacio…, un momento…, un suspiro; algo sin precedentes ocurría, el universo lejano se volteó, la sombra oscura se asustó, la espalda del Padre lo presenció…, los cuerpos celestes se

---

[29] Resulta impresionante que el salmista desde un ritmo poético, pueda describir los acontecimientos que ocurriría siglos después; ver Salmo 22:18

[30] La hora "nona" (novena) son como las 3 de la tarde según la costumbre romana.

[31] Éxodo 19:16-19 describe un panorama parecido ante la presencia de Dios en el Sinaí.

[32] Tuvo que ser algo trascendente pues Jesús se sintió solo en ese momento, y le dice a su Padre: ¿Por qué me has abandonado? En Mateo 27:46, Marcos 15:34 se registra este acontecimiento profetizado por el salmista; ver Salmo 22:1

estremecieron…, se agotan las palabras, ¿cómo describirlo? …, ¡es imposible decirlo, pero más imposible callarlo!

En ese momento todo era extraño, la tierra parecía detenerse, el asombro crecía y el pecado de los hombres desaparecía, la maldición cayó al abismo, la sangre del Cordero se derramaba y los sacrificios del templo cesaban. Todos los enemigos se inclinaron, ahora todo fue consumado.

El acta de decretos fue quitada y quien nos acusaba fue exhibido, ya no hay acta, ya no hay juicio, ya no hay maldición[33]… La condenación huyó: Dios y su creación se reconciliaron.

Algo más sucedió, no sabemos qué, pero lo cierto es que el corazón más duro de un centurión[34] se dio cuenta de que, verdaderamente, el que acaba de morir era quien dijo ser. Entonces…, a pesar del ruido que había en ese lugar, se escuchó al unísono: ¡verdaderamente este era el hijo de Dios!

Tuvo que ser algo sorprendente, una señal muy grande, para que ellos lo reconocieran. Quizás en la muerte de un malhechor nunca presenciaron la ruptura de las tumbas[35]… ¿Cómo explicar que el lugar Santísimo del templo Sagrado a la hora de la

---

[33] Leer Colosenses 2:14-17

[34] Un centurión es un oficial romano de alto rango encargado de casi cien soldados. Ver Mateo 27:54, Marcos 15:39

[35] Leer Mateo 27:52

oración, el velo del templo se partiera en presencia de la multitud, de arriba hacia abajo? Y ese velo que se partió representa su carne[36], que por siempre fue inmolada.

Aun con esto, el duro corazón de los presentes, su oído sordo y sus ojos ciegos, les imposibilitaba anticipar lo que sucedería tres días después.

De todas formas, para ellos la vida de aquel crucificado siempre encerró cierto misterio: en Betania se levantó un hombre muerto al escuchar la orden de su voz, la hija de Jairo también respondió a su llamado, en el popular pozo de Bethesda se habla del ciego que recobró su vista; además, ¿quién no conocía aquellos diez inmundos leprosos que luego fueron limpios?, que decir de los vientos y tempestades que callaban ante su voz de mando.

Se hizo natural ver al Nazareno hacer milagros y ver como callaba a los sabios de la ley ante sus discursos; pero aun con todo esto, para ellos el carpintero estaba muy lejos de ser el Mesías, pues era hijo de José y María, ¡ah!, sus hermanos son conocidos por todo el pueblo.

Ellos no le reconocieron y su generación aún persiste, permanece entre nosotros, aquí en este siglo. La generación del incrédulo y blasfemo que viendo no ven y oyendo no entienden, tienes los oídos entenebrecidos a causa de sus vanas

---

concupiscencias. ¡Iglesia, abre tus ojos y oídos!

Pero aquellos que en su mayoría no son ilustrados, filósofos, ni pensadores; hacen de aquel acontecimiento en el monte de La Calavera un signo de su fe, a través de esta cautiva en sus corazones la esperanza más sublime, guardan el amor que es otorgado a todo aquel que ha creído. Y por instantes se regocijan en las palabras del inculpado, como si fuera poco, hace un homenaje en las palabras "consumado es".

Estos con fe de niño, sí anticiparon lo que acontecerá al tercer día. Es muy fácil de saberlo, se trata solo de escuchar, entender cada palabra que en su sentido literal manifestó el Maestro; no se trata de interpretar acertijos o buscar un exégeta[37] para que nos explique, es solo creer y escuchar con detenimiento, de todas formas, ya lo había anticipado[38] el Maestro…

-Pero hagamos silencio-, pues se acercan los encorazados que con sus lanzas exploran los cuerpos de los crucificados.

Aún cuelga ahí el protagonista, lo que quedaba de su sangre es vertida en tierra por la ruptura de

---

[37] Exegeta: un especialista en interpretación de textos.

[38] Jesús en repetidas ocasiones les dijo claramente a los discípulos que él iba a morir en manos de los sacerdotes, pero resucitaría al tercer día, sin embargo, los discípulos no parecían ser conscientes de esto.

su costado[39]. ¿Y cómo no?, si su sangre debe lavar tan gran perversidad; no se podía quedar ni una gota sin ser usada, no se podía desperdiciar tan valioso recurso, debía ser derramado como cordero inmolado, ¡aquí tampoco se equivocó Dios!

¡Pero esperen!, también agua de su costado brota, ¿agua? Sí, un manantial es abierto para purificación de las naciones, para lavar sus manchas, pues así lo menciona el profeta miles de años antes *"En aquel tiempo habrá un manantial abierto para la casa de David y para los habitantes de Jerusalén, para la purificación del pecado y de la inmundicia"* Zacarías 13:1.

Tan evidente su muerte, que las piernas no son quebradas; misterioso y sin explicación porque era una orden de Pilatos: quebrar las piernas de los crucificados para asegurar su muerte. Soldados romanos sin misericordia, vestidos de crueldad, no titubearían en hacerlo, ¿cómo no?, si lo hicieron con los de su diestra y siniestra, ¿por qué desobedecer una orden superior? No lo sabemos, pero el profeta lo explica, debía cumplirse aquí también la profecía: "El guarda todos sus huesos; ni uno de ellos será quebrantado". (Salmo 34:20)

Su cuerpo no podía quedarse colgado hasta la

---

[39] Juan habla de esto y hace una declaración que da fuerza a lo que está diciendo, no deja ninguna duda de que esto realmente ocurrió, y lo corteja con la profecía. Ver Juan 19:34-37

mañana en aquel lugar, los judíos lo justifican al ser dial solemne, pero en esto tampoco se equivocó la ley ni el profeta[40].

Todo detalle se cumplió, era la señal de que este era el Cordero Pascual, ahora una vez y para siempre su pacto se extiende, por lo cual, ya no hay macho cabrío, ni sacrificios, ni fuego, ni templo; solo se trata de aceptar el Cordero Inmolado.

Esto fue lo que sucedió en el monte deslucido, por eso estamos aquí. Para algunos solo un montón de tierra árida y roca, para otros, el monte que soporto la cruz y su tierra absorbió la sangre, escucho cada palabra; es el monte que presencio los relámpagos y quizás pudo entender lo que pasaba, porque los religiosos no lo concibieron.

Por tanto; es necesario que nosotros sí lo entendamos, sin embargo, esto no se puede contar con palabras, es difícil de explicar, pues debe creerse para poder vivirlo.

---

[40] Según la tradición judía el cordero pascual debía de sacrificarse sin quebrar sus huesos, no se podía guardar carne para la mañana; en Jesús se cumplen también estos detalles proféticos demostrando así que era el Cordero Perfecto. Ver Número 9:12, Éxodo 12:46

La impresionante tumba vacía

Ahora al lugar más esperado, sitio de lloro y lamento, lugar donde huyeron todas las ilusiones del Mesías prometido. Donde la mirada de aquellos se resiste ver con claridad su realidad.

Lugar donde los milagros y proezas de aquel Galileo se desvanecen; el ciego, el manco y el cojo lo lloran; el mendigo lo lamenta y el oprimido lo sufre.

Es el lugar que borra esperanzas y castiga a quienes creyeron en él, lugar donde grupos de mujeres protagonizan un funeral; cada lágrima y murmullo manifiesta el dolor evidente, las maravillas son sepultadas y la admiración se desvanece.

Ahora no queda más que volver atrás, a la rutina, al trabajo y a la burla de quienes con gran carcajada no veían en aquel hombre un Mesías. ¿Y ahora qué?

Regresar a casa con manos vacías, recoger las redes y volver al mar, buscar las puertas de la ciudad y servir al imperio...

Aquella pascua no tenía sentido, allá en la ciudad celebración y alegría; aquí lloro, temor y lamento. Como judíos celebrar las fiestas, como personas lamentar la pérdida.

Pero bueno, ahora la silueta de varios soldados se deja ver frente a la piedra que tapa la entrada a la tumba. Es un momento de tristeza, de incertidumbre, y pesar.

Con gran temor once hombres se encierran en un aposento, quisieran estar muertos, o que fuera una pesadilla, y algunos, algunos desearan no haber conocido nunca al Galileo.

Pues ellos mismos lo presenciaron ahí en el Gólgota, como daba su último suspiro aquel hombre. Sanó a muchos, pero no se pudo sanarse a sí mismo. Ya hace pocas horas que bajaron su cuerpo sin vida y lo pusieron en una tumba cercana de un hombre rico... Allí donde están esos soldados romanos, pero estos sospechan algo, sus corazones retiemblan con fuerza y sus almas están inquietas; serán testigos de algo impresionante aun ellos no lo saben, pero así será; de alguna forma: cuidar la tumba de un muerto no tiene mucho sentido para la mente lógica.[41]

Una y otra vez pasan por las mentes de los once aquellas sangrientas escenas, sin esperanza esperan,

---

[41] El hecho de que ellos cuidaran la tumba es una prueba fehaciente de que el cuerpo de Jesús no fue robado más bien los mismos soldados eran testigos de que algo sobrenatural sucedió.

aturdidos y con toda ilusión muerta... En este momento se sienten confundidos, casi que maldicen, el temor los invade, aun no asimilan lo que sucedió.

Pero hoy es el tercer día de que esto aconteció; minutos antes de rayar el alba, como si la luz del sol presagiara algo, la esperanza perdida se vuelve consuelo de gloria, el lloro se convierte en danza ya que el mismo Maestro ahora se levanta. Y con gran fuerza la piedra retira de la entrada, ejércitos de Ángeles lo acompañan y los valientes soldados romanos se desploman.

El sol, el aire y las piedras lo celebran; tamboriles y flautas acompañan el arpa, la tierra, cielos y universo ahora cantan. Las entrañas de la tumba se conmueven...

Pues los muertos tienen esperanza, y el mismo infierno tembló, ¿y la muerte? la muerte hace su huida, se oculta y ahora teme.[42] Pues fue vencida de una vez y para siempre.

Sin aire y confusas unas mujeres; pues afirmación más grandiosa que escucharan jamás aquellas mujeres, esa mañana, aquel primer día de la semana, *"No está aquí, pues ha resucitado de entre los muertos."* (Mateo 28:16)

Inefable alegría inunda los corazones de estas mujeres y grandes dudas saltan en las mentes de aquellos hombres al escuchar sus palabras.

Ante esta noticia, no se puede esperar más, con

---

[42] En el momento de la resurrección debe haber ocurrido sucesos a nivel natural y espiritual, todo el universo lo celebro, pues sin la resurrección vana es nuestra fe 1Cor.15:14.

El símbolo del cristiano es la tumba vacía.

largas y largas zancadas corren dos hombres en dirección de la tumba; sí, los dos discípulos impulsados por la incertidumbre, la fe o tal vez curiosidad…, pero rápidamente llegan al lugar, ¿y ahora…?

Emociones encontradas y con el espíritu inquieto, no entienden lo que ven, son momentos preciosos… Están a punto del desmayo…, no encuentran al Maestro…, ¡no está aquí…, ¡no está aquí…, ¡no está en la tumba!

No hay explicación, tan solo unos lienzos bien ordenados como quien no tiene prisa… Por fin retumban las palabras de las mujeres… y por instantes las del Maestro… "Es necesario que todo esto acontezca…, pero al tercer día el Hijo del Hombre se levantará…"[43]

Sin embargo, es demasiado rápido para poderlo concebir, ahora el corazón de estos dos hombres palpita con vivacidad, como queriendo salirse del pecho y las incontenibles lágrimas se dejan ver en sus ojos; son rostros fascinados, que muestran gestos indescifrables. Sus mentes son saturadas de pensamientos, recuerdos y esperanzas.

Pero aun, aún no han visto nada…, solo la ausencia de un hombre en la tumba… Y esa ausencia confirma su evidente presencia, por que dejó la tumba…, la dejó para nunca más volver a ella…

Es un campo de batalla; la esperanza lucha contra la duda, la tristeza contra el gozo… ¡Pero la vida ya venció a la muerte!...

Hoy, lugar donde también cuelgan las palabras más

---

[43] Jesús anuncia su muerte y resurrección a sus discípulos antes de que sucediera. Ver Mateo 16:21-28

sublimes que aquel fortuito ser pronunció: *"¿Por qué buscáis al que vive entre los muertos"?* (Lucas 24:5)

Y la entrada de la tumba vacía se puede ver desde la distancia... No se ven siluetas, ni soldados, ni mujeres llorando, ni ángeles. Pero se distingue la admiración de quienes entran y ve la tumba vacía.

Entonces la fe salta, el gozo baila y esa boca de la tumba grita a grandes voces: "No está aquí, pues ha resucitado, como dijo. Venid, ved el lugar donde fue puesto el Señor". (Mateo 28:6)

Así sus jardines y ambiente, ratifica que la tristeza no está presente.

Un ligero recorrido por el jardín de la tumba, deja una seña indeleble en la fe del creyente.

La impresión no cesa y los sentimientos se despiertan, acontecen al visitante igual como en aquellos dos hombres; un jardín precioso, la voz de la fe se escucha si haces silencio.

No muy lejos aquel monte grotesco de La Calavera, a pocos pasos "la tumba ya vacía"; dos escenarios, dos acontecimientos, dos experiencias de fe...

Entonces, aunque se quiera negar no se puede, aunque no se quiera creer se cree y aunque no se desee llorar se llora...

Con tan fuerte testimonio ya no queda emoción, es una realidad, consumido todo intento de duda. No hay palabras que lo describan... Pues la tumba está vacía... y la Calavera aun mira hacia la ciudad.

Aquel sitio hoy libera la vida y aprisiona la muerte, pues ha sido vencida por el Nazareno; la muerte está allí presa, pues no tiene poder sobre aquel, ni sobre quienes en él creen.

Son los pasos de la vida los que se advierten, y de vez en cuando en el aire se intuye el aroma fresco de la promesa Divina.

El tibio rayo de sol de la mañana trasporta al visitante al momento en que todo aquello sucedió.

¿Y cómo negarlo? Algunos lo intentan, diciendo ideas descabelladas contra la realidad de la tumba vacía, vacía no porque se robaron el cuerpo, pues es imposible, de todas formas, la guardia romana es entrenada y tienen un corazón frío. Ni lágrima ni lamentos mueven una muestra de sus sentimientos, mucho menos ante aquellos alborotadores y ruines judíos; nada podría estar más seguro, que la entrada de la tumba.

Solo hay una explicación, el Galileo salió de la tumba, pues ha resucitado.

No es posible encontrar un sitio más significativo que el jardín de la tumba, flores y verdes hierbas encuentran sentido en el fresco aire que se respira. Respeto y devoción se encuentra en cada visitante y sobre todo el mensaje hoy se sigue oyendo de continuo, en labios de aquel joven guía que, con entusiasmo y convicción, les anuncia las buenas nuevas a todo visitante.

Así regresará

Es la noche de un día cualquiera, lo cierto es que el Maestro ya no era una esperanza, ni siquiera una opción, más bien reconsideran su antigua labor, ahí estaba Dídimo, Natanael y por supuesto Simón. Los hijos de Zebedeo estaban allí, estos y más discípulos son los testigos; el mar de Galilea lo presenció también, la noche en vela esperando pescar algo. Se escucha la voz del alba y aun sus redes vacías, parece que ya no son pescadores.

Una clave encuentra en las palabras de un caminante junto a la ribera: "las redes a la derecha", fue lo que escucharon. Y las redes se rompían, la barca se hundía, los peces saltaban intentando huir.

Entonces, al ver esto Juan entendió -esto solo el Maestro lo hacía-, su voz se deja oír, ¡es el Maestro!,

¡es el Maestro! La pesca, las redes y la barca ya no importan pues era el Maestro, no se podía esperar, era necesario llegar primero; ahí esta Simón en el agua dejando la barca y sus peces atrás, con la mente atónita y su corazón acelerado llega a los brazos de aquel Galileo.

Las palabras de Simón no salían, el asombro lo acompañaba y su alegría no se podía esconder. Ahí estaba el Maestro ya resucitado, a quien, hace pocos días había negado[44]…, ahí estaba con unos peces en las brasas.

Aun se comenta lo que ocurrió en aquella ciudad de oro, en Jerusalén. La mente de muchos no concibe los acontecimientos, la admiración flota como el viento, aun, de vez en cuando las miradas atónitas no se disimulan. Algunos preguntan, otros prefieren guardar silencio.

Algunos soldados de la guardia romana no encuentran cómo explicar lo ocurrido ante los principales sacerdotes. Sí, aquellos mismos soldados que estaban frente a la puerta de la tumba, los entrenados, los de frío corazón; ahora son interrogados y comprados sus testimonios por precio de dinero[45].

Los sumos sacerdotes y fariseos bajan su perfil ante el pueblo, evitan los comentarios y preguntas

---

[44] Puede leer todo el relato en el evangelio de Juan 21
[45] Ver Mateo 28:11-13

de quienes por curiosidad y reclamos se dirigen a ellos.

Las filosofías, doctrinas y pensamientos de los saduceos[46] se han desplomado, han encontrado al resucitado, ¿cómo explicarlo a la gente?

Y los que gritaban a grandes voces "crucifícalo, crucifícalo" hoy son prisioneros del silencio, la vergüenza y la culpabilidad. Por las noches imágenes y palabras martillan su mundo onírico y por las mañanas los recuerdos imborrables hablan a los oídos; como quienes son atormentados por la muerte de un inocente.

¿Y Pilatos? ¡Ah! Pilatos, parece lavarse las manos continuamente y para otros se comporta como demente.

Es un poco confuso para los que no quieren entender, el Nazareno "Rey de los Judíos" -según leímos en su sentencia-. Camina entre el pueblo y sus discípulos le siguen. ¡Pero cómo es posible si le vimos morir, lo vimos crucificado…! Y testificamos su sepultura…. No importa, ahí está de nuevo anda entre la gente, se reúne con sus discípulos y come con ellos.

Ahora aquí un poco de lejos, veo al Maestro que camina una subiendo una pendiente, sin lujos y

---

[46] Los saduceos eran un grupo religioso de la época que no creían en la resurrección de los muertos.

ostentación se encuentra un sitio que también canta la Gloria del Rey.

Otra vez hacia el monte de los Olivos, de todas formas, ya es costumbre apartarse de la ciudad y contemplarla a todas sus anchas desde ese sitio.

Caminando hacia el olivar algo se percibe en la atmósfera; no es un día como todos, sin embargo, en silencio lo siguen algunos hombres que meditan en todo lo ocurrido; sin pensar que minutos siguientes serán testigos de otro acontecimiento incontable.

Por fin se detiene el Resucitado, respira profundo y con su incomparable mirada de misericordia recorre cada rostro como si leyera los pensamientos e intenciones del corazón.

Unos segundos de silencio, tanto que parecía poderse escuchar hasta el movimiento de una hoja seca en el suelo, el ruido de las mariposas se percibía.

Algo se acercaba, los pasos de la nostalgia y admiración se advertían; de nuevo el corazón parecía palpitar rápidamente y un sentimiento indescriptible aromatizaba el ambiente. Ya los discípulos lo presentían… Cuando esto se siente es que algo está por verse…

Entonces, como si marcaran el camino alzó sus manos el Maestro y les bendijo. Y de forma sutil se aparta un poco de ellos, de pronto, como por ingravidez, comienza a ascender de forma inexplicable; hacia el cielo se dirige. Las miradas y los rostros perplejos demuestran el asombro, como si se tratara de un cuerpo magnético las miradas son movidas al ritmo del ascenso, hasta que una nube oculta al Maestro.

Despedida majestuosa que solo Dios podía regalar a los que estuvieron presentes. Ni los antiguos reyes, ni David o Salomón contemplaron estos momentos de gloria. Su oro y riquezas se hacen nulos para comprar tal experiencia.

Solo aquellos fieles seguidores contemplan y escuchan con fascinación las últimas palabras del maestro al retirarse al cielo.

Pero, ¿ahora que sucederá?

La voz de dos mensajeros susurra al oído atento de aquellos discípulos: *"vendrá de la misma manera, tal como le habéis visto ir al cielo."* (Hechos 1:11) … ¿Y cómo dudar de estas palabras si todo se cumplió en él?, incluso las palabras más olvidadas de los legendarios profetas fueron hechas carne… Ahora esa es la promesa que nos queda, es la profecía que pronto cumplirá… Porque él regresará.

Y Juan en su visión dice: *"He aquí que viene con las nubes, y todo ojo le verá…"* (Apocalipsis 1:7)

Hoy ese sitio se puede recorrer caminando; es preciso llegar al lugar donde su pie dejó de tocar la tierra para elevarse hasta el trono de Dios.

El sitio de su ascensión allí está, por fin dentro de un pequeño habitáculo lo conmemoran, no tiene lujo, su apariencia no es ostentosa, pero su significado llena de esperanza y satisfacción a quienes lo esperan[47].

"Ciertamente vengo en breve". (Apocalipsis 22:20)

---

[47] Ver Hebreos 10:32 y 2 Pedro.3:9

Shoah[48]

Serpenteado de aspecto muy oscuro y tosco se acerca aquel terrible monstruo de acero, con su singular columna de humo, en cuyo vientre alberga miles de almas sin esperanza que son digeridas por las más crueles e inhumanas experiencias nunca contadas. Su futuro es corto, lo que viene marcará para siempre la crueldad del ser humano.

De pronto, después de horas y días de forma vertical, con los pies casi desechos, con sus rostros deslumbrados y con su cuerpo deshidratado del

---

[48] La shoah es, en su origen hebrero, una gran catástrofe, una calamidad. La usamos aquí en vez del común "holocausto" que, en su uso bíblico, alude a un sacrificio en ofrenda a un dios en particular.

calor por la opresión de los cuerpos semejantes que se rozan incansablemente en busca de una pulgada más de espacio. Por fin se detiene en el lugar de tormento, aquella locomotora[49], tormento que lo presagiaba aquel viaje deshumanizante.

Pero al fin, llegaron, quizás fue duro pero llegaron al fin, -bueno algunos- por que otros ya no viven[50].

Las falsas promesas burlescas de los militantes del régimen, les dan esperanza por segundos; pero algo dice que las cosas empeorarán, es el génesis del martirio.

Sin equipajes los hacen bajar de cientos de vagones, que asfixiaban sus pasajeros.

Los organizadores con el emblema nazi en sus camisas, les ordenan separar hombres de las mujeres y niños; estos ya no sufrirán, pues solo serán unos minutos más. El corazón de cada mujer, niño y anciano de menguadas fuerzas, palpita, suspira y se inquieta. Y dejan de palpitar instantes seguidos, después de minutos desesperantes donde cada mirada refleja consternación, agonía, y otras muchas cosas que no se pueden explicar… Son las miradas de los culpables, culpables de ser

---

[49] Miles de personas son trasladadas en locomotoras a los campos de concentración, las condiciones del viaje son paupérrimas.

[50] Multitud de personas morían en el mismo tren por deshidratación, hambre o enfermedad.

judíos y en este momento: de ser judíos inservibles, sin fuerzas, débiles y quizás enfermos. Ancianos que no valen nada porque no tienen ningún provecho, a estos los sentenció de inmediato su condición, su aspecto es el juez, son bienvenidos a la cámara de gases.

Mueren sin dignidad, sin afecto, sin esperanza, pues son judíos y además inservibles. -Ese es el pensamiento de los aliados al régimen[51]-.

Son más preciados sus desechos que la propia vida, valen más muertos que vivos, son comerciados sus cabellos y arrojadas sus cenizas.

¿Y cuál es la suerte de quienes aún no están ahí?

Muertos en vida, lo sufren el grupo de quienes no han aspirado el tóxico gas, pero albergan el campo de concentración. Las labores más limpias y codiciadas son las más detestables para el ser humano.

¡Recoger excremento es privilegio, esquivar cuerpos descompuesto sin vida es lo cotidiano! La rudimentaria cacerola es el plato y a la vez letrina cada día, ni siquiera eso les pertenece; son dueños de la nada y poseedores del dolor.

El sonido del silbato mañana tras mañana, aterroriza al interno, no sabe que será un minuto

---

[51] El gobierno Nazi seleccionaba la gente según su condición, y desechaba en la cámara de gases a los que consideraba "inservibles", los que no podían trabajar.

después[52]. Trabajan, se sudan, fatigan y mueren sin alimento.

La más grande posibilidad de vida está en quienes por el destino o circunstancias (nunca lo sabremos), pasan desapercibidos de la mirada de los verdugos.

Es la suerte de los que por un momento pudieron comer un bocado más, es la suerte de quienes, aunque enfermos, no mostraron estarlo; sin fuerzas, pero incansables, estos se negaron a desmayar, pero quizás solo por un día más.

Un día que no promete nada; más bien un día que promete martirio, luto, enfermedad y hambre, ese era el día por el que lucharon incansables.

Verdaderamente desnudos conocieron el hambre en su mayor expresión, la saludaron desde que llegaron y ahora duerme con ellos, los acompañaba día tras día hasta entregarlos a la muerte.

Para algunos la muerte era la solución[53], anhelaban ese día, pero parece que esta huye de ellos.

---

[52] Por las mañanas los hacían formar filas, y si los soldados consideraban que alguna persona estaba en malas condiciones físicas los eliminaban.

[53] Según testigos sobrevivientes, algunos decidían estrechar su cuerpo con las cercas eléctricas perimetrales para morir electrocutados o por una bala de los soldados.

En el aire un olor característico, un olor que no se borra de las memorias de quienes, por un propósito Divino, escaparon de tal suerte. Es un aire con olor a muerte, a carne quemada, carne de sus parientes y conocidos. Es el momento, es la hora de salir evaporados por las gigantescas chimeneas[54].

Todo es aterrador, sucursal del infierno es aquel lugar, imagen del demonio sus seguidores. Cada palabra, movimiento o mirada, es correr el riesgo de no vivir más.

Eso eran los campos de concentración, lugares de tormento sanguinarios, experimentados por humanos de muchas razas y colores, pero sobre todo los predilectos, los invitados principales fueron los judíos.

Algunos hoy lo niegan, otros ablandan de las historias y justifican los hechos, sin embargo, los testigos imborrables hablan por las víctimas y la sangre de estas reclama justicia[55].

Aún se conservan campos de concentración, aun se ven las chimeneas que como corpulentos gigantes esperan, las cámaras están ahí, existen sobrevivientes que lo corroboran, ¡no se puede negar!

---

[54] Eran quemados en hornos gigantescos.

[55] Por lo menos seis millones de judíos, fueron eliminados por el gobierno Nazi.

Museos hoy reclaman la sangre de las víctimas. El Museo del Holocausto[56] en Israel habla por cada alma y lo certifica con imágenes impactantes, fotos y artículos que cuelgan en las paredes. -Por eso estamos aquí, para ser la voz del testigo… testigo de que esto realmente ocurrió-.

Tal vez objetos desteñidos por el tiempo, sin color atractivo, pero hablan de forma directa, convencen y hacen bajar el perfil del escéptico.

Zapatos miles, destruidos, quemados y desechos por las torturas; confiesan hoy su dolor.

Fotografías impregnadas de emoción, tristeza, desmayo, desesperación e impotencia son las que "decoran" aquel Museo.

Y en las vitrinas, uniformes de rayas con número sin igual, sus nombres no valen, sus apellidos son olvidados, ahora es un número que los identifica[57].

Y por ahí, en un pasillo angosto como quien no quiere pasar desapercibido: las quejas de un carretón olvidado se dejan escuchar, dolor rechinan sus ruedas, angustia refleja su timón; es la carreta que transportó los cuerpos que fueron esquivados.

En un pequeño habitáculo, son prisioneros aquellos depósitos de gas venenoso, en sus latas se

---

[56] Ya explicamos el uso de la palabra "shoah" en vez de holocausto. Debería llamarse pues, el Museo de la Shoah.

[57] Al entrar en los campos de concentración las personas ya no tenían nombre, tan solo eran numerados para identificarlos.

puede entrever la sonrisa sarcástica de un malhechor cruel.

Rifles, bombas, mascarillas y todo artículo bélico manifiestan el odio del régimen Nazi.

Hoy los visitantes aprenden de las imágenes, de los carretones y los rifles. Les queda una enseñanza, les susurra la conciencia.

Y en cada artilugio pueden ver la dureza y crueldad del corazón humano, pero también, la fortaleza de los que se negaron a rendirse.

Hoy solo es un Museo, donde turistas y curiosos miran, comentan y admiran aquellos testimonios.

Pero algunos solo perciben historia, otros, errores políticos; para los entendidos constituye la más grande evidencia del odio, amargura y vanagloria. Esto son frutos del corazón humano, corazón que se endiosa a sí mismo y envanece ante la multitud. Son los resultados de un pensamiento hecho acción, es más que un acontecimiento histórico o político. No es solo el declive de los valores o la moral. Es muchísimo más que eso…, es el pecado del hombre en su mayor expresión… También aquí se agotan las palabras para expresarlo.

¡Sorpresa gloriosa!

Es en el camino del monte que asciende
Al personaje de la historia que muere
Para toda la gente que entiende
A todo corazón que su fe mueve

Un monte que testifica la injusticia
Y muestra la crueldad del hombre
Que lleva a todos la noticia
Al cobarde que luego habla en su nombre

De tal forma tapa la boca la piedra
Cual imagen en la mente se desvanece
La esperanza de vivir se quiebra
Un puño de hierbas aromáticas aquel merece

Sorpresa gloriosa en la mañana recibe
Un grupo de mujeres que su presente llevan
Y la gran noticia es que ¡aquel aún vive!

AGRADECIMIENTO AL LECTOR

Un profundo agradecimiento a todos aquellos que decidieron adquirir y leer esta obra. Es solo con su apoyo, que esta iniciativa se comleta y permite seguir hacienda contenido para todos ustedes.
Espero que compartas este libro con todas aquellas personas que tu sabes, que seran edificadas con su lectura.

Henry Quesada A

Si tienes algun comentario o deseas compartirnos de qué forma tu vida fue enriquecida al leer esta obra, favor comunicate con nosotros:
forjatupresente@gmail.com